# BEI GRIN MACHT SICH IHR WISSEN BEZAHLT

- Wir veröffentlichen Ihre Hausarbeit, Bachelor- und Masterarbeit

- Ihr eigenes eBook und Buch - weltweit in allen wichtigen Shops

- Verdienen Sie an jedem Verkauf

Jetzt bei www.GRIN.com hochladen und kostenlos publizieren

Ernst Probst

# Marquise de Pompadour

**Die erste bürgerliche Mätresse von Louis XV.**

GRIN Verlag

**Bibliografische Information der Deutschen Nationalbibliothek:**

Die Deutsche Bibliothek verzeichnet diese Publikation in der Deutschen National-bibliografie; detaillierte bibliografische Daten sind im Internet über http://dnb.d-nb.de/ abrufbar.

**Impressum:**

Copyright © 2014 GRIN Verlag GmbH
Druck und Bindung: Books on Demand GmbH, Norderstedt Germany
ISBN: 978-3-656-70702-8

**Dieses Buch bei GRIN:**

http://www.grin.com/de/e-book/277623/marquise-de-pompadour

**GRIN - Your knowledge has value**

Der GRIN Verlag publiziert seit 1998 wissenschaftliche Arbeiten von Studenten, Hochschullehrern und anderen Akademikern als eBook und gedrucktes Buch. Die Verlagswebsite www.grin.com ist die ideale Plattform zur Veröffentlichung von Hausarbeiten, Abschlussarbeiten, wissenschaftlichen Aufsätzen, Dissertationen und Fachbüchern.

**Besuchen Sie uns im Internet:**

http://www.grin.com/

http://www.facebook.com/grincom

http://www.twitter.com/grin_com

*Marquise de Pompadour (1721–1764).*
*Porträt des französischen Malers*
*Maurice Quentin de La Tour (1704–1788)*
*zwischen 1748 und 1755*

*Louis XV.,*
*König von Frankreich und Navarra (1710–1774).*
*Porträt des französischen Malers*
*Louis-Michel van Loo (1707–1771)*

Ernst Probst

# Marquise de Pompadour

Die erste bürgerliche Mätresse
von Louis XV.

*Marquise de Pompadour (1721–1764),*
*geborene Jeanne Antoinette Poisson.*
*Porträt des französischen Malers*
*François Boucher (1703–1770) um 1750*

# Marquise de Pompadour

## Die erste bürgerliche Mätresse
## von Louis XV.

Eine der einflussreichsten Mätressen des französischen Königs Louis XV. (1710–1774) war die Marquise de Pompadour (1721–1764), geborene Jeanne Antoinette Poisson. Fünf Jahre lang blieb sie die Geliebte des Herrschers und danach seine Freundin. Anders als ihre um 22 Jahre jüngere Nachfolgerin Gräfin Dubarry (1743–1793) interessierte sich Madame de Pompadour für politische Fragen. Sie ernannte und stürzte Minister und verschaffte ihren Verwandten die besten Posten bei Hofe.

Jeanne Antoinette Poisson kam am 29. Dezember 1721 in der Rue de Cléry in Paris zur Welt. Ihr angeblicher Vater François Poisson (1684–1754) arbeitete für die Heereslieferanten Brüder Pâris als Lagerverwalter, Handlungsgehilfe und Getreidehändler. Seine erste Ehefrau war Anne Geneviève Le Carlier gewesen. Als diese 1718 starb, heiratete er noch im selben Jahr die Metzgertochter Louise Madeleine de La Motte (um 1700–1745). Letztere war also die Mutter des kleinen Mädchens, das den Rufnamen Jeanne erhielt.

Louise Madeleine de La Motte war eine sehr schöne Frau mit schwarzem Haar, aufregender Figur und heller Haut. Angeblich hatte sie den Teufel im Leib und bereits bevor sie François Poisson begegnete etwa ein Dutzend Liebhaber, unter denen sich einflussreiche Männer befanden. Auch während der Auslandsreisen ihres Ehemannes für die Brüder Pâris gönnte sie sich weiterhin etliche Liebhaber.

Zu der Zeit, in der Jeanne geboren wurde, war ihr vermeintlicher Vater François Poisson geschäftlich oft unterwegs. Weil ihre Mutter weiterhin fremd ging, ist die Vaterschaft von Monsieur Poisson nicht eindeutig. François Poisson, dem ein raues, aber heiteres Gemüt bescheinigt wird, zweifelte allerdings seine Vaterschaft nicht an, liebte die hübsche Jeanne sehr, bezeichnet sie als „kleine Königin" (Reinette) und las ihr jeden Wunsch von den Augen ab. Das passt nicht recht zu der Behauptung, François Poisson sei brutal, zynisch, ein Trunkenbold und ein halber Verbrecher gewesen.

1724 gebar Louise Madeleine de La Motte eine Tochter namens Françoise-Louise Poisson. Diese jüngere Schwester von Jeanne Poisson soll sehr jung gestorben sein. Ihr genaues Todesdatum ist nicht bekannt. 1725 folgte ein jüngerer Bruder namens Abel-François Poisson.

Mitte der 1720-er Jahre stellte man die Brüder Pâris zusammen mit anderen Lebensmittelfabrikanten, die sich auf unredliche Weise bereichert hatten, vor Gericht.

Doch weil die Brüder Pâris sehr einflussreich waren und prominente Gönner hatten, konnte man sie nicht persönlich bestrafen. Aus diesem Grund hielt man sich an Poisson, der wie seine Arbeitgeber etliches auf dem Gewissen hatte. Man klagte ihn an, Getreide im Wert von 232.430 Livres veruntreut zu haben, was allerdings nicht zutraf, und sprach ihn am 23. April 1727 schuldig. Man verurteilte ihn zum Tode durch den Strang, doch seine hohen Helfershelfer verhalfen ihm im Mai 1727 zur Flucht nach Deutschland, wo er in Hamburg ungestört und in Frieden weiterlebte.

Vor seiner Flucht hatte Monsieur Poisson dafür gesorgt, dass Jeanne Antoinette in die katholische Klosterschule der Ursulinerinnen von Poissy aufgenommen wurde. Diese Nonnen galten seit Jahrhunderten als hervorragende Erzieherinnen für Mädchen, die später ein großes Haus führen sollten. Eigentlich durften dort erst Mädchen ab sechs Jahren eintreten, aber wegen der besonderen Umstände, unter denen Monsieur Poisson um die Einschulung seiner Tochter bat, machte man eine Ausnahme und nahm die Fünfjährige auf.

Nach dem Verschwinden von Monsieur Poisson beschlagnahmte man dessen gesamtes Vermögen. Dies hatte zur Folge, dass Madame Poisson mit 232.430 Livres Schulden auf der Straße saß. Am 12. August 1727 reichte sie die Scheidung ein, was ihr ermöglichte, ihr persönliches Vermögen zurückzubekommen. Weil ihr Vermögen sehr bescheiden war, nahm der reiche Bankier

*Charles François Paul*
*Le Normant de Tournehem (1684–1751).*
*Porträt eines unbekannten Malers*

Charles François Paul Le Normant de Tournehem (1684–1751), einer ihrer Liebhaber, die attraktive Louise-Madeleine de La Motte sowie deren Sohn Abel-François zeitweise bei sich auf. Der Bankier könnte der eigentliche Vater von Jeanne Antoinette gewesen sein und betrachtete diese offenbar auch als seine Tochter. Er bekannte sich zwar nicht öffentlich zur Vaterschaft, wurde aber der Vormund von Jeanne, ließ ihr eine sorgfältige Erziehung angedeihen und sie im größten Luxus aufwachsen. Auch Abel-François Poisson war vielleicht der Sohn von Tournehem, da er diesem im fortgeschrittenen Alter recht ähnlich sah und offenbar auch dessen Körperfülle geerbt hatte.

Trotz der liebevollen Zuwendung von Tournehem vermisste die kleine Jeanne ihren vermeintlichen Vater François Poisson. Das auffallend kluge Mädchen war im Kloster eine gute Schülerin, litt aber oft unter Krankheiten wie Masern, Keuchhusten oder Fieber. Mitschülerinnen und Erzieherinnen mochten Jeanne sehr. Eine Klosterschwester schrieb an Monsieur Poisson, der sich laufend brieflich über Jeanne erkundigte: „Sie ist immer liebenswürdig und besitzt eine Anmut, die alle, die sie bisher sahen, in ihren Bann geschlagen hat." Ihre Mutter soll sich angeblich wenig um Jeanne gekümmert haben, was mit ihrer libertinen Ader zu tun haben könnte.

An Ostern 1729 musste Jeanne das Kloster in Poissy kurzzeitig verlassen, weil ihre Mutter sie in Paris einkleiden lassen wollte. Deswegen soll die Siebenjährige bitterlich geweint haben. Im August 1729 trat Jeanne, die eine hervorragende Singstimme besaß, erfolgreich als Solistin des traditionellen, auch von Höflingen besuchten Konzertes zu Mariä Verkündigung auf.

Anfang des Jahres 1730 folgte Jeanne ihrer attraktiven Mutter gerne nach Paris, wo es viel zu sehen gab. Es heißt, Jeanne sei von ihrer Mutter unter dem Vorwand, die Gesundheit ihrer Tochter sei beeinträchtigt, aus dem Kloster geholt worden. Vielleicht hegte sie den Hintergedanken, dadurch Jeanne dem Einfluss ihres ehemaligen Ehegatten zu entziehen. Fortan kümmerte sich ihr Liebhaber Tournehem um die Erziehung von Jeanne und schickte ihr die besten Lehrer.

Louise Madeleine de La Motte und Jeanne besuchten die Witwe Madame de Saissac, eine Freundin der Mutter, sowie die Paten von Jeanne, Monsieur Jean Pâris und Madame Pâris de Montmartel. Letztere war eine Tochter des Armeelieferanten Antoine Pâris und hatte mit Einfluss und Geld einen päpstlichen Dispens erhalten, um die zweite Ehefrau ihres Onkels werden zu können. Mit Ausnahme von Müttern weniger reizvoller Töchter wurde die hübsche, verständige und begabte kleine Jeanne überall bewundert.

Eine Wahrsagerin prophezeite der bezaubernden Jeanne Poisson bereits im Alter von neun Jahren, sie werde später „ein Bissen für den König" („un morceau de roi"). Der Gedanke an eine Zukunft als königliche Mätresse

ließ sie in der Folgezeit nicht mehr los. Ihre aber-
gläubische Mutter hielt viel vom Kartenlegen, Handlesen
und dergleichen und bezeichnete sie wie ihr vermeintlicher Vater als „kleine Königin".

Dank der Fürsprache von einflussreichen Gönnern
durfte François Poisson 1736 wieder nach Frankreich
zurückkehren. In einem Revisionsprozess wurde er
vollständig rehabilitiert. Noch im selben Jahr zogen er
und seine Frau sowie die beiden Kinder in ein Haus,
das Madame Poisson selbst gekauft hatte, da sie dank
mehrerer Erbschaften zu einem kleinen Vermögen
gekommen war. Bereits am 8. Januar 1738 zog die
Familie wieder um in das Haus Nr. 50 an der Rue de
Richelieu, dessen Grundstück an den königlichen Park
grenzte. Nach kurzer Zeit riss man dieses Haus ab und
baute es prunkvoller als zuvor wieder auf.

Die Eltern von Jeanne konnten es sich leisten, die besten
Privatlehrer zu engagieren, um die musischen
Begabungen ihrer Tochter und deren Intellekt zu
fördern. Die junge Mademoiselle Poisson erhielt
Unterricht im Gesang und Tanz, in Haltung und
Vortragskunst. Alle Lehrer waren von ihrer Begabung
und Lernfähigkeit begeistert. In Pariser Salons, die man
ironisch als „Büros des Geistes" („Bureaux d'Esprit")
bezeichnete, lernte Jeanne die geschliffene Konversation.
Bald verstand sie es ausgezeichnet, sich ins beste Licht
zu setzen. Getrübt wurde dies nur durch die Tatsache,
dass es um ihre Gesundheit von Geburt an schlecht

*Charles-Guillaume Le Normant,*
*Seigneur d'Étiolles (1717–1799),*
*der Ehemann von Jeanne Poisson.*
*Porträt des französischen Malers*
*Jean-Baptiste Perroneau (1715–1783)*

bestellt war. Bereits in ihrer Jugend spie sie Blut und machte Milchkuren.

Einer der glühendsten Verehrer der heranwachsenden Jeanne Poisson war der vier Jahre ältere Charles-Guillaume Le Normant, Seigneur d'Étiolles (1717–1799). Seigneur (deutsch: Herr) hieß einst in Frankreich jemand, der ein Lehen der Krone mit allen damit verbundenen Rechten über Person und Eigentum besaß. Vater von Charles-Guillaume war der Kassenführer Hervé-Guillaume Le Normant d'Étiolles. Sein Onkel, der bereits erwähnte reiche Bankier Charles François Paul Le Normant de Tournehem, hatte keine Kinder und wollte seinen Neffen zum Erben und Nachfolger einsetzen. Der Onkel stellte allerdings die Bedingung, sein Neffe solle seine „Ziehtochter" Jeanne-Antoinette Poisson heiraten. Gegen diese Verbindung wehrte sich zunächst der Vater des Bräutigams, weil der angebliche Vater der Braut, François Poisson, nur knapp dem Galgen entkommen war. Wegen der Aussicht auf das reiche Erbe für seinen Sohn gab er später aber doch nach.

Die Hochzeit von Charles-Guillaume Le Normant d'Étiolles und Jeanne Antoinette Poisson wurde am 9. März 1741 in der katholischen Kirche St. Eustache in Paris. geschlossen. Der Ehemann war dem Vernehmen nach klein und schlecht gewachsen und sein Gesicht eher hässlich als schön. Aber er stellte eine glänzende Partie für die 19-jährige Jeanne dar. Denn sein reicher

Onkel gab ihm als Mitgift die Hälfte seines Vermögens und ein Schloss im Dorf Étiolles als Wohnsitz. Zudem besaß das junge Paar ein Stadthaus in Paris. Der Onkel führte seinen Neffen allmählich in seine Geschäfte ein.

Durch die Heirat wurde aus Jeanne Poisson die achtbare Madame Le Normant d'Étiolles. Offenbar besaß sie einen kalten und egoistischen Charakter. Vergnügen, Luxus und Reichtum bedeuteten ihr mehr als seelisches Glück. Ihr Ehegatte Charles-Guillaume war ein herzensguter Mensch und Ehrenmann, liebte sie zärtlich und vergötterte sie. Doch sie selbst empfand weder Leidenschaft noch Liebe. Aus der Ehe gingen am 26. Dezember 1741 ein Sohn, der bereits ein halbes Jahr nach der Geburt starb, und am 10. August 1744 die Tochter Alexandrine-Jeanne, hervor. Die Tochter galt zwar als gesund, aber allgemein als recht empfindlich. Sie wurde von ihrer Mutter vergöttert.

Madame d'Étiolles träumte bereits seit ihrer Kindheit davon, die Geliebte von König Louis XV. zu werden. Dieser Wunsch war – wie erwähnt – durch eine Wahrsagerin geweckt worden. Ihre Mutter rief mehr als einmal im Beisein von Gästen entzückt aus: „Jeanne ist ein Bissen für den König". So war es kein Wunder, dass die Heranwachsende von dem Glück träumte, einmal die Geliebte des galanten Königs zu werden, in Versailles eine wichtige Rolle zu spielen und allerlei Auszeichnungen zu erhalten.

Eine günstige Gelegenheit, die Aufmerksamkeit von Louis XV. zu erregen, bot sich für Madame d'Étiolles jeweils, wenn der König mit einer größeren Gesellschaft im Wald von Sénart nahe ihres Schlosses Étiolles jagte. Dabei konnte sie den Weg des Herrschers „ganz zufällig" kreuzen. Mal erschien sie im eleganten Jagdkostüm hoch zu Pferd. Mal fuhr sie wie ein Phantom in himmelblauer Kleidung im rosafarbenen Wagen oder in rosafarbener Garderobe im himmelblauen Wagen vorüber. Bei diesen gewollten flüchtigen Begegnungen erhob sie jeweils ihre Blicke bewundernd zum König und grüßte ihn ehrerbietig und bescheiden. Angeblich soll sie einmal sogar in einem ganz aus Bergkristall gebauten Wagen, der die Form einer Muschel hatte und von zwei Pferden gezogen wurde, gesessen haben. Bei dieser Gelegenheit soll sie ein duftiges rosa Seidengazekleid getragen haben, das ihre zarten Glieder umhüllte und die Brüste in „antiker Nacktheit" zeigte. Der König und sein Gefolge sollen noch lange von jener zarten Erscheinung im Wald von Sénart gesprochen haben, die diesmal lieblicher und schöner denn je gewesen sein soll. Fortan bezeichnete man sie kurzweg als Waldnymphe.

Doch all die Raffinesse von Madame d'Étiolles brachte keinen greifbaren Erfolg, weil ihr die damalige Mätresse Marie-Anne de Mailly-Nesle, Marquise de La Tournelle, Herzogin von Châteauroux (1717–1744), verbot, weiterhin bei Jagden des Königs zu erscheinen.

*Infantin Maria-Theresia von Spanien (1726–1746),*
*Porträt des französischen Malers*
*Louis-Michel van Loo (1707–1771) um 1740*

Der Weg in das Bett des Herrschers von Frankreich und Navarra wurde erst frei, nachdem am 8. Dezember 1744 die Herzogin von Châteauroux an Bauchfellentzündung starb. Diese war seit 1742 offizielle Mätresse des genusssüchtigen Königs von Frankreich und Navarra gewesen. Vor dieser Geliebten hatten ihre Schwestern Louise-Julie (1710–1751) – Mätresse von 1737 bis 1739 – und Pauline-Félicité (1712–1741) – Mätresse von 1739 bis 1741 – den König verwöhnt. Einmal hatte der König sogar eine Nacht mit Diane-Adélaïde de Mailly-Nesle (1713–1760) und einer ihrer älteren Schwestern verbracht, was einen Skandal zur Folge hatte.

Anfang Februar 1745 kannte der König die Madame d'Étiolles bereits persönlich. Wie es dazu kam, weiß man nicht. Am 18. Februar 1745 erhielt Jeanne eine offizielle Einladung zu einem Ball anlässlich der Hochzeit des Kronprinzen Louis Ferdinand (1729–1765) mit der Infantin Maria-Theresia von Spanien (1726–1746), Tochter von König Philipp V. von Spanien (1683–1746), am 24. Februar 1745 im Spiegelsaal. Diese Einladung enthielt den Hinweis, alle Damen, die tanzen, würden ihr Haar in großen Locken tragen.

Bei einem großen Maskenfest im Pariser Rathaus am 28. Februar 1745 anlässlich der erwähnten Hochzeit des Kronprinzen Louis Ferdinand bot sich Madame d'Étiolles erneut eine Chance, in die Nähe von König Louis XV. zu kommen. Denn an diesem Maskenfest durften außer dem Hof und der Hofgesellschaft auch Repräsentanten der Finanzwelt und vornehme Bürger teilnehmen. Besonderer Clou war: Eine Maske durfte sich dem König ohne Zeremonie nähern und ihn wie jeden anderen necken.

Madame d'Étiolles erschien zu diesem Maskenfest als Jagdgöttin Diana mit Pfeilköcher über der Schulter und silbernem Bogen in der Hand. In dieser Aufmachung nahm sie auf der für Damen der hohen Bürgerschaft reservierten Estrade Platz. Alle Blicke, auch die des 35 Jahre alten Königs, richten sich auf die bildschöne 23-jährige Jägerin. Unter ihrer kleinen Gesichtsmaske, die nur ihren wohlgeformten Mund freiließ, funkelten ihre Blicke nur für Louis XV., der von ihrer bezaubernden Art, ihrem graziösen Tanz und ihrer biegsamen Figur ganz ergriffen wurde. Der König bat die unbekannte Schönheit, für einen kurzen Augenblick ihre Maske zu heben, damit er ihr Gesicht sehen könne. Sie gewährte ihm ihre Gunst und Louis XV. erkannte überrascht die „Nymphe des Waldes" von Sénart vor sich. Bevor der König etwas sagen konnte, entfloh die Jagdgöttin mit einem schelmischen Lächeln, ließ aber wie zufällig ihr Taschentuch fallen. Galant hob Louis XV. das Taschentuch auf und warf es der Schönen nach. Nach dieser Szene ging ein Murmeln durch die lachende und fröhliche Menge. Es hieß: „Das Taschentuch des Sultans ist geworfen". Eingeweihte wussten, was dies bedeutete.

Im April 1745 saß Madame d'Étiolles während einer italienischen Oper märchenhaft schön herausgeputzt in einer Loge, die von der vergitterten Loge des Königs aus gut zu beobachten war. Louis XV. wandte kein Auge von dieser Schönheit. Am nächsten Tag speiste der König in seinem Zimmer geheim mit Madame d'Étiolles ohne andere Gäste. Nach dem Essen erschien der Herrscher nicht zum üblichen Abendempfang bei Hofe, sondern begab sich sofort in seine Privaträume. Madame d'Étiolles verließ Versailles tief verschleiert erst in der Nacht zu sehr vorgerückter Stunde. Ihr langjähriger Wunschtraum, die Geliebte des Königs zu werden, hatte sich erfüllt.

Madame d'Étiolles kehrte mit allerlei Träumen und Plänen für ihre Zukunft aus Versailles in ihr Schloss zurück. Doch der König ließ nach dem ersten intimen Zusammensein lange nichts von sich hören. Vielleicht hegte er ein leises Misstrauen gegen die Frau, die ihn so lange und so hartnäckig umworben hatte.

Aber die attraktive Madame d'Étiolles und das, was er mit ihr bereits erlebt hatte, ging dem König nicht ganz aus dem Sinn. Er empfing sie nach einiger Zeit erneut, diesmal allerdings – vielleicht um sie zu testen – in Gegenwart einiger Höflinge. An jenem Abend amüsierte sich die kleine Gesellschaft sehr gut. Der Herzog von Richelieu sprühte von geistreicher Arroganz. Madame d'Étiolles glänzte durch Schlagfertigkeit. Auch der König wirkte sehr aufgeräumt und schien sogar ein wenig verliebt zu sein. Erst in der Morgendämmerung verließ Madame d'Étiolles das Schloss Versailles und wurde von einem Wagen des Königs nach Hause gebracht. Anfangs bemühte sich Louis XV., sein Verhältnis mit Madame d'Étiolles geheim zu halten. Angeblich fürchtete er vor allem die Jesuiten, welche ihm diese intime Beziehung sehr übel genommen hätten. Außerdem galt die Erhebung einer Bürgerlichen zur Geliebten des Königs als Skandal. Dagegen hatte man damals gegen eine Mätresse des Herrschers aus dem hohen Adel nichts einzuwenden. So war es im Fall der vier Schwestern aus der Adelsfamilie Mailly-Nesle gewesen.

Noch im April 1745 bezog Jeanne die ehemaligen Räume der königlichen Mätresse Marie-Anne de Mailly-Nesle, Herzogin von Châteauroux, auf der zweiten Etage im Schloss Versailles. Damals erschien es geradezu unerhört, dass eine Frau Étiolles, eine geborene Poisson, die Nachfolgerin der Herzogin von Châteauroux als offizielle Mätresse des Königs werden sollte. Genau dies hatte Louis XV. nach der Rückkehr aus dem Feldzug in Flandern vor. Schnell bildete sich eine Liga, die alles versuchte, um die neue Geliebte zu stürzen.

Am 6. Mai 1745 verabschiedete sich Louis XV. zärtlich von Madame d'Étiolles, die ihm anders als ihre Vorgängerin nicht ins Feld folgte. Als kluge Frau wusste sie, dass die erste Trennung zu Beginn einer neuen Affäre sehr schmerzlich für den König sein und ihn nur noch fester mit ihr verbinden würde. Während der Abwesenheit von Louis XV. blieb sie nicht in Versailles, sondern zog sich auf ihr Schloss Étiolles zurück, wo sie in nahezu klösterlicher Abgeschiedenheit lebte.

Der Ehemann von Madame d'Étiolles erfuhr nach der Rückkehr von einer langwierigen Geschäftsreise aus Südfrankreich durch seinen Onkel die überraschende und betrübliche Nachricht vom Aufstieg seiner Gattin zur Mätresse des Königs. Er fiel in Ohnmacht, als er hörte, dass seine wunderschöne Frau die Geliebte von Louis XV. geworden war. Anfangs wollte er sie nicht verlieren und versuchte, sich dagegen zu wehren. Doch sein Onkel überzeugte ihn, es sei das Beste für ihn, sich damit abzufinden und einen in Aussicht gestellten lukrativen Posten in der Provinz anzunehmen. Am 7. Mai 1745 wurden Urkunden über die Gütertrennung der Eheleute Étiolles unterzeichnet. Noch im Mai 1745 bestätigte das Parlament (Gericht) die Trennung der Eheleute d'Étiolles von Tisch und Bett. Der geschiedene Ehemann zog danach zu seinem Onkel und genoss mit seinem Schwager Abel-François Poisson die Freuden von Paris. In der Folgezeit hatte er viele Geliebte, vor allem Schauspielerinnen und Tänzerinnen, mit denen er etliche uneheliche Kinder zeugte.

Der König schickte Madame d'Étiolles während des Feldzuges in Flandern einen Brief nach dem anderen. Offenbar konnte er das Wiedersehen mit seiner neuen Geliebten kaum erwarten. Innerhalb weniger Monate

*Prinzessin Louise Élisabeth de Condé (1693–1775),*
*Enkelin von König Louis XIV.*
*Porträt des französischen Malers*
*Pierre Gobert (1662–1744)*

schrieb Louis XV. rund 80 Briefe. Einer davon, den Jeanne im Juni 1745 erhielt, war an die „Marquise von Pompadour" adressiert und enthielt die Urkunde, die sie zum Tragen dieses Titels berechtigte. Jeanne konnte zwar die hierfür erforderlichen 400 Jahre Ahnennachweis nicht erbringen, aber der König hatte einen erloschenen Titel an sie neu vergeben.

Im September 1745 bereitete man die ehemaligen Gemächer der Herzogin von Châteauroux in Versailles für den Empfang neuen königlichen Mätresse Marquise de Pompadour vor. Sie war nun die offizielle Mätresse („Maítresse en titre") des Königs und die erste Bürgerliche am französischen Hof mit diesem Status. Am 9. September 1745, zwei Tage nach der Rückkehr von Louis XV. aus dem Feldzug in Flandern, veranstaltete die Stadt Paris ein offizielles Galadiner zu Ehren des Königs im „Hôtel de Ville". Im Obergeschoss feierte Madame de Pompadour mit anderen Damen inkognito mit. Zwar traf sie dort den König nicht, aber dieser schickte mehrfach einen seiner Herren mit Grüßen zu ihr. Zu diesem Zeitpunkt war die neue Marquise noch nicht bei Hofe vorgestellt.

Ein großer Tag für Paris war der 15. September 1475: Nun wurde Madame de Pompadour dem König, der Königin Maria Leszczynska, dem Kronprinzen sowie den Prinzen und Prinzessinnen des Königshauses vorgestellt. Als Patin, welche die Bürgschaft für ihre Hoffähigkeit übernahm und welche die Pompadour persönlich vorstellte, fungierte Prinzessin Louise Élisabeth de Condé (1693–1775), eine Enkelin von König Louis XIV. Die Prinzessin wurde für diese Gefälligkeit gut von König Louis XV. bezahlt und konnte damit ihre Spielschulden tilgen.

Zum Erstaunen umstehender Höflinge ging die Königin Maria Leszczynska auf die Marquise de Pompadour zu und fragte sie liebenswürdig: „Wie geht es Madame de Saissac? Es war mir angenehm, sie bisweilen in Paris gesehen zu haben." Man hatte nicht vermutet, dass die Königin und die neue Marquise gemeinsame Bekannte hatten. Niemand ahnte, dass Madame de Pompadour längst in der Umgebung der Königin ihre Netze ausgeworfen und die Stimmung zu ihren Gunsten beeinflusst hatte. Trotzdem war die Marquise de Pompadour wegen der Liebenswürdigkeit der Königin sehr verlegen und verwirrt. Sie hatte nicht erwartet, dass Maria Leszczynska die Mätresse ihres Ehemannes mit so viel Takt und Natürlichkeit empfangen würde. Stammelnd antwortete sie: „Madame, es ist mein leidenschaftlicher Wunsch, Ihnen zu gefallen." Ihr Hofknicks klappte aber tadellos und graziös.

Im Oktober 1745 zog Madame de Pompadour in die Gemächer des Schlosses Versailles, die zuvor die Herzogin von Châteauroux bewohnte hatte. In der Folgezeit erschien sie nur sehr selten öffentlich bei Hofe, sondern empfing den König in ihrer kleinen Gesellschaft.

Nach ihrer Ernennung zur offiziellen Mätresse des Königs lud Madame de Pompadour ihren jüngeren Bruder Abel-François Poisson an den Hof nach Versailles ein. Der junge Mann erlangte sofort die Gunst von Louis XV. Der Herrscher beauftragte seinen ersten Hofmaler Charles Antoine Coypel (1694–1752) mit der Ausbildung und Erziehung des 20-Jährigen. Gemeinsam mit seinem Ausbilder wählte Abel-François unter anderem Gemälde der königlichen Sammlung für die Ausstellung im „Palais du Luxembourg" aus und schuf damit das erste Museum in Frankreich.

Am Hof in Versailles gab es viele Menschen, bei denen Madame de Pompadour ihre ganze Klugheit aufbieten musste, um sie, wenn schon nicht zu Freunden, so doch wenigstens nicht zu Feinden zu machen. Feindlich gesinnt waren ihr beispielsweise der Herzog von Richelieu und der Kronprinz (Dauphin), der Skandalgeschichten über sie verbreitete. Es gab aber auch viele Schmeichler und Schöntuer, welche die neue Mätresse des Königs wie eine Göttin der Tugend und Keuschheit besangen. Bald kamen viele Höflinge zu der Erkenntnis, dass es für sie besser war, wenn sie der verhassten Mätresse schmeichelten.

Das Vorzimmer von Madame de Pompadour war oft mit Bittstellern gefüllt, die eine Gunst, eine Stellung oder eine Verbesserung ihrer Lage erhofften. Zu ihr kamen Militärs, Beamte, Finanzmänner, Diplomaten, Gelehrte, Dichter, Schriftsteller und Künstler. Manche jungen oder

*Abel-François Poisson (1727–1781),*
*der Bruder von Madame de Pompadour.*
*Porträt des schwedischen Malers*
*Alexander Roslin (1718–1793) von 1764*

alten Frauen und Männer wollten ihr nur einfach mal die Hand geben oder den Saum ihres Kleides küssen. Es kursierte das Gerücht, sie lasse sich alle Vergünstigungen, die sie gewährte oder erreichte, teuer bezahlen.

König Louis XV. schenkte seiner neuen offiziellen Mätresse etliche Schlösser und Wohnsitze:

Schloss Montretout (auch Tretout) in Saint-Cloud, bis 1748

Petit Château de La „Selle" in La Celle-Saint-Cloud, von 1748 bis 1750

Schloss Bellevue in Meudon, fertiggestellt 1750

Schloss Pompadour in Arnac-Pompadour, verkauft 1760

Hôtel d'Évreux, der heutige Élysee-Palast in Paris

Schloss Menars im Département Loir-et-Cher

Adel und Volk erregten sich sehr über die erste bürgerliche Geliebte von Louis XV. Der Uradel warf ihr die bürgerliche Herkunft stets vor. Dem Bürgertum war sie entfremdet, obwohl sie aus der Pariser Bourgeoisie stammte. Doch die Pompadour verstand es, im Laufe der Zeit ihren Einfluss zu mehren und sich zur ungekrönten Königin Frankreichs, Patronin des Luxus, der Kunst, der Wissenschaft und der Literatur zu entwickeln.

Auch große Teile des Klerus, vor allem die Jesuiten, wetterten gegen die Pompadour. Sie regten sich in erster Linie wegen deren Beziehungen zu aufklärerischen Philosophen auf. Der Pariser Erzbischof verlangte sogar

*Schloss Pompadour in Arnac-Pompadour.*
*Aufnahme vom Januar 2008*

ihre Hinrichtung auf dem Scheiterhaufen. Ungeachtet dessen war die Pompadour keine Atheistin. Viele ihrer Spenden gingen an Pfarrämter und Abteien. Statt der Abschaffung des Christentums, wie sie radikale Philosophen damals forderten, wünschte sie eine Reform der katholischen Kirche.

Aus Rücksicht auf die Gewohnheiten des Königs musste die Pompadour auf die für ihre Gesundheit erforderlichen Milchkuren verzichten. Zeitweise litt sie an Erkältungen und Fieberschüben, was sie zwang, das Bett zu hüten. Im Laufe der Zeit wurde ihre angegriffene Gesundheit durch zahlreiche Fehlgeburten stark geschwächt.

An Heiligabend, 24. Dezember 1745, starb Louise Madeleine de La Motte, die Mutter der Pompadour, nach einem Krebsleiden im Alter von etwa 45 Jahren. Für sie kaufte die Pompadour ein Grabgewölbe in der Kapuzinerkirche an der Place Vendôme. Dorthin wurde der Leichnam der Mutter überführt.

Im Gegensatz zu anderen Mätressen von König Louis XV. machte sich die Marquise de Pompadour nicht die Königin Maria Leszczynska zum Feind. Stattdessen gewann die Pompadour die Freundschaft der Königin und gab ihr sogar Ratschläge, wie sie den König in unbelauschten Stunden zu behandeln habe. Dagegen hatte sich die vorherige Geliebte von Louis XV., nämlich die Herzogin von Châteauroux, gegenüber der Königin ungemein bösartig verhalten.

Bereits nach einem Jahr als offizielle Mätresse stellte Madame de Pompadour enttäuscht fest, dass ihr königlicher Geliebter gleichgültig wurde und sich nicht mehr viel aus ihr machte. Bei Hofe kam bereits das Gerücht auf, der König langweile sich mit seiner Mätresse und werde sie demnächst wegschicken. Bei dem Gedanken, sie könne alles, was sie so mühsam errungen hatte, wieder verlieren, zitterte Madame de Pompadour. Sie schob alle Schuld einzig und allein ihrem kühlen Temperament zu. Bitter beklagte sie, dass ihr Blut nicht heißer wallte und ihre Sinne nicht mächtiger sprachen, um die zügellose Leidenschaft des Königs ganz zu befriedigen. Aus Angst, Louis XV. könne sich ganz von ihr abwenden, änderte sie ihre Lebensweise und hoffte, damit ihr Blut erhitzen zu können. Sie ließ sich zum Frühstück stark gewürzte Speisen servieren, trank einige Tassen stark ambrierte Vanilleschokolade und nahm in ihrer Verzweiflung ein „Elixier" ein, das ihr ein Quacksalber verschrieben hatte.

Die Marquise de Pompadour musste sich täglich etwas Neues einfallen lassen, um den König nicht nur sexuell, sondern auch kulturell zu befriedigen, und machte sich damit unentbehrlich. Sie fuhr mit ihm von einem Schloss zum anderen, sorgte für seine Zerstreuung und erzählte ihm bei Schlaflosigkeit spannende Geschichten. Zusammen mit Künstlern aus Paris sang sie geistliche Konzerte und Motetten und weckte seine Neugier für das Theater. Irgendwann erfüllte der König der

Pompadour den Wunsch nach einem kleinen Theater. Die Einweihung dieses „Theaters des kleinen Appartements" erfolgte am 17. Januar 1747 mit dem Stück „Tartuffe" von Molière (1622–1673). Als Direktor des Theaters wählte die Pompadour den Adligen Louis César de La Baume Le Blanc, Herzog von La Vallière (1708–1780), der als bester Sachwalter der französischen Komödie galt. Das Publikum für die Aufführungen wurde sorgfältig ausgewählt.

Ab 1748 verschlechterte sich der Gesundheitszustand der Pompadour merklich. Aufmerksamen Beobachtern fielen ihre ausgezehrten Wangen und ihre ungesunde Gesichtsfarbe auf. Bald darauf war sie abgemagert und ihre Haut hatte sich verfärbt.

Anfang 1749 hatte es der Herzog von Richelieu satt, dass die Marquise de Pompadour mit ihrem Theater bei Hof einen Erfolg nach dem anderen feierte. Kein Wunder: Die Pompadour hatte selbst das Zeug zu einer guten Schauspielerin. Als Unterhaltungschef des Hofes verbot Richelieu allen Schauspielern und Musikern im Dienste des Königs jede Zusammenarbeit mit der offiziellen Mätresse. Über diese Maßnahme wurde Jeanne vom Herzog von La Vallière informiert. Die Pompadour eilte unverzüglich zum König und beschwerte sich über Richelieu. Daraufhin musste Richelieu vor Louis XV. erscheinen. Der König fragte ihn, wie oft er bisher in der Bastille, dem Staatsgefängnis, gewesen war. Der Höfling antwortete „Dreimal, Sire!"

*Theaterdirektor Louis César de La Baume Le Blanc,*
*Herzog von La Vallière (1708–1780).*
*Porträt des französischen Graveurs*
*Charles-Nicholas Cochin (1715–1790)*

und hatte diesen Wink verstanden. Fortan gab es keine offiziellen Behinderungen des Theaterbetriebs mehr. Anfang Mai 1749 unterzeichnete Louis XV. ein Edikt, mit dem der neue Finanzminister Jean-Baptiste de Machault d'Arnouville (1701–1794) die Staatsverschuldung nach den Belastungen durch den österreichischen Erbfolgekrieg in den Griff bekommen sollte. Vorgesehen war, von jedermann eine fünfprozentige Einkommensteuer zu erheben. Die Opposition machte die Pompadour und deren Verschwendung sowie Protektion für die finanzielle Misere verantwortlich. Fälschlicherweise beschuldigte man sie, allein ihr Theater verschlinge zwei Millionen Livres im Jahr. In Wirklichkeit waren es nur 20.000 Livres.

Weil ihr Bruder Abel-François Poisson zum Generalinspekteur der königlichen Bauten aufsteigen sollte, sorgte die Pompadour dafür, dass er etwas über dieses Fachgebiet lernte. Abel-François hielt sich von Dezember 1749 bis zum September 1751 in Italien auf. Seine große Italienreise (die so genannte „Grand Tour") zusammen mit dem Künstler Charles-Nicolas Cochin (1715–1790), dem Architekten Jacques-Germain Soufflot (1713–1780) und dem Abbé Leblanc hatte angeblich großen Einfluss auf die Entwicklung der Kunst und des künstlerischen Geschmacks in Frankreich. In Italien war Abel-François Poisson als persönlicher Botschafter seiner Schwester im Einsatz. Damit

*Staatssekretär Jean-Frédéric Phélypeaux,*
*Graf de Maurepas (1701–1781).*
*Porträt eines unbekannten Malers*

man ihn an italienischen Höfen empfing, ließ die Pompadour ihren Bruder zum Marquis de Vandières ernennen. Spitze Zungen verballhornten diesen Titel als „Monsieur d'Avanthier" („Herr von Vorgestern"). Abel-François Poisson hat während der Italienreise die Erwartungen der Pompadour erfüllt. Bei einer Privataudienz überreichte ihm sogar der Papst ein Geschenk für die königliche Mätresse.

Die Marquise de Pompadour gewann immer mehr Einfluss auf den König von Frankreich und Navarra. 1749 brachte sie Louis XV. dazu, seinen Staatssekretär Jean-Frédéric Phélypeaux, Graf de Maurepas (1701–1781), nach 15 Jahren zu entlassen, obwohl sich dieser für unersetzlich hielt. Und das kam so:

Im Frühjahr 1749 entdeckte die Pompadour in ihrer Serviette einen taktlosen, auf ein intimes Leiden von ihr anspielenden Vierzeiler. Solche Pamphlete gegen sie bezeichnete man damals nach ihrem Geburtsnamen Poisson als Poissonaden. Als die Pompadour den Staatssekretär Maurepas persönlich nach Ergebnissen über die Herkunft der Poissonaden fragte, antwortete dieser kühl, er werde dem König berichten, sobald er etwas wisse. Beim Abschied erklärte die Pompadour: „Ihr achtet die Mätresse eures Königs zu wenig, Monsieur!" Maurepas beging den Fehler, andernorts über diese Unterhaltung mit der Pompadour einen Witz zu reißen. Er sagte, als ihn früher die Mätresse Mailly besucht habe, sei zwei Tage darauf die Châteauroux an ihre Stelle getreten und diese habe er ja bekanntlich vergiftet. Als der König von dieser despektierlichen Bemerkung erfuhr, schickte er den Grafen von Argenson mit einem Entlassungsbrief zu Maurepas, der aufgefordert wurde, sich nach Bourges zurückzuziehen. Ab 1750 war das sexuelle Verhältnis zwischen der Pompadour und dem König beendet. Sie änderte nun ihr Verhalten in der Öffentlichkeit, verzichtete beispielsweise auf Wangenrouge, lebte fromm und strebte eine Aussöhnung mit der katholischen Kirche an. Doch man glaubte nicht an die Echtheit ihrer Frömmigkeit.

1751 starb Charles-François Paul le Normant de Tournehem, der mutmaßliche Vater der Pompadour und Förderer ihres jüngeren Bruders Abel-François Poisson. Deswegen beorderte man Abel-François aus Italien zurück. Nach der Rückkehr betraute man ihn mit dem Vorsitz der „Generaldirektion der königlichen Bauten" („Direction générale des Bâtiments, Art, Jardin et Manufactures"), womit er die Nachfolge seines verstorbenen Förderers antrat. Diesen Posten behielt er bis zu seiner Pensionierung 1773 inne.

Im Herbst 1751 ging es der Pompadour gesundheitlich sehr schlecht. Aus diesem Grund setzte sie im November 1751 ihr Testament auf.

1754 starb François Poisson, der angebliche Vater der Pompadour und von deren jüngerem Bruder Abel-François Poisson, im Alter von 70 Jahren an Wassersucht. Ihm hatte die Pompadour das Landgut Marigny verschafft. Sie war stets bestrebt, ihre Familie an ihrem Wohlstand teilhaben zu lassen. Abel-François stieg nach dem Tod seines Vaters 1754 zum Marquis de Marigny auf.

Große Pläne verfolgte die Pompadour mit ihrer 1744 geborenen Tochter Alexandrine-Jeanne d'Étiolles, für die sie nach ihrer Scheidung von 1745 das Sorgerecht erhalten hatte. Sie schickte das Mädchen 1749 in das Kloster „Dames de l'Assomption" in Paris, in dem nur Töchter aus den besten Familien Frankreichs erzogen wurden. Dort behandelte man die Tochter der Mätresse wie eine Prinzessin. Die anderen Mädchen rissen sich um ihre Freundschaft, weil sie sich davon spätere Vorteile versprachen.

Die Pompadour hätte es gerne gesehen, wenn ihre Tochter Alexandrine-Jeanne den unehelichen Königssohn Charles-Emmanuel de Vintimille, Marquis de Luc (1741–1814), geheiratet hätte. Dieser stammte aus der Verbindung des Königs mit dessen ehemaliger Mätresse Pauline-Félicité de Mailly-Nesle, Marquise de Vintimille (1712–1741). Doch Louis XV. lehnte diesen Plan ab.

Danach dachte die Pompadour an eine Heirat ihrer Tochter Alexandrine-Jeanne mit dem Sohn des Marschalls de Richelieu, des Herzogs von Fronsac. Doch in diesem Fall erhielt sie von der Familie des auser-wählten Bräutigams eine Absage.

*Alexandrine-Jeanne d'Étiolles (1744-1754),*
*Tochter von Madame de Pompadour.*
*Porträt des französischen Malers*
*François Boucher (1703–1770) von 1749*

Als Alexandrine-Jeanne acht Jahre alt war, fand die Pompadour 1752 einen weiteren Heiratskandidaten für ihre Tochter. Dabei handelte es sich um den Herzog von Picquigny, den Sohn des Herzogs von Chaulnes. Der Vater des Bräutigams stimmte der Hochzeit zu, die nach dem 13. Geburtstag von Alexandrine-Jeanne gefeiert werden wollte. Die Pompadour war überglücklich über diese geplante Verbindung. Denn damit wäre ihre Tochter in eine der ältesten Adelsfamilien in Frankreich aufgenommen und Herzogin geworden.

Doch dieser Wunschtraum der Pompadour ging nicht in Erfüllung. Am Freitag, 14. Juni 1754, wurde die neunjährige Alexandrine-Jeanne plötzlich schwer krank und litt unter Fieber und Erbrechen. Sofort eilte ihr Vater Charles-Guillaume Le Normant d'Étiolles zu ihr. Die Pompadour dagegen konnte nicht sofort ins Kloster zu ihrer kranken Tochter kommen. Nachdem der König von der Erkrankung des Mädchens hörte und man ihm die Symptome beschrieben hatte, alarmierte er seinen Leibarzt Sénac und den Chirurgen la Martini. Doch als die beiden Ärzte am Samstagmorgen, 15. Juni 1754, im Kloster ankamen, fanden sie Alexandrine-Jeanne bereits tot vor. Das Mädchen war vermutlich an den Folgen einer Bauchfellentzündung oder einer Blinddarmentzündung gestorben. Diese Krankheiten endeten damals meistens tödlich. König Louis XV. erhob zum Trost für seine Mätresse den Besitz des Vaters von

*Louis XIII., König von Frankreich (1601–1643).*
*Porträt des niederländischen Malers*
*Peter Paul Rubens (1577–1640)*
*zwischen 1622 und 1625*

Alexandrine-Jeanne zum erblichen Marquisat. Nach diesem Trauerfall erschien die Pompadour erst am 2. August 1754 wieder in der Öffentlichkeit.

Nach Ansicht mancher Autoren war Madame de Pompadour der Typ der ausgehaltenen Frau, die sich ohne Liebe, ohne Neigung, nur aus Berechnung irgendeinem Mann hingibt. Die Liebe, die diesen Namen verdient, kannten sie und der König nicht. Auch keine der anderen Mätressen soll Louis XV. wirklich geliebt haben.

Um die Gunst des Königs nicht zu verlieren, kam Madame de Pompadour auf die Idee, ihm Zerstreuung durch junge Mädchen, die sie selbst aussuchte, zu verschaffen. Damit wollte sie ihn einerseits bei Laune halten und andererseits verhindern, dass er ernsthafte Liebschaften bei Hofe einging.

1755 erwarb Louis XV. in der Rue Saint Médéric von Versailles die zweistöckigen Häuser Nr. 2 und 4, die durch einen Garten miteinander verbunden waren. Als Käufer trat ein Mittelsmann namens Monsieur J. N. C. Cremers auf. Die beiden Häuser lagen im „Hirschpark" („Le Parc-aux-Cerfs"), einem idyllischen Viertel in Versailles, das zur Zeit von Louis XIII. (1601–1643) als Hirschgehege gedient hatte. Jene zwei Häuser, die heute noch existieren, galten bald als der „Hirschpark", das geheimnisumwitterte Privatbordell des Königs. Im „Hirschpark" konnten jeweils zwei bis drei für den König bestimmte junge Mädchen untergebracht werden.

Oft wohnte aber auch nur ein Mädchen dort. Die Aufsicht über die jeweiligen Mädchen oblag der Frau eines ergebenen Angestellten aus dem Kriegsministerium. Die jungen Damen kamen auf Vermittlung von Madame de Pompadour oder des Kammerdieners Dominique Guillaume Lebel (1696–1768) in die Häuser im „Hirschpark". Angeblich wartete „ein reicher Pole" auf ihre Liebesdienste. In Wirklichkeit handelte es sich dabei um den liebestollen König. Der Kammerdiener Lebel, der früher einer der Liebhaber der Mutter der Pompadour gewesen war, wurde geradezu mit Angeboten überhäuft. Täglich erschienen Bittsteller oder Bittstellerinnen, die Lebel für den König die jüngsten und schönsten Mädchen vorschlugen. Sogar Mütter boten ihre eigenen Töchter an.

Im Gegensatz zu früher geht man heute davon aus, dass Louis XV. die für ihn bestimmten Damen nicht allein im „Hirschpark" besuchte. Es dürfte unmöglich gewesen sein, dass sich der mächtigste Mann Frankreichs ohne Leibwachen oder Gefolge irgendwohin begab. Stattdessen brachte man die Damen aus dem „Hirschpark" zum Schäferstündchen in den Palast von Versailles, wo sie in einem Zimmer, das Eingeweihte die „Vogelfalle" nannten, dem vermeintlichen „polnischen Edelmann" zu Willen waren. Die solchermaßen „verdorbenen" jungen Mädchen arbeiteten später oft als Huren und hatten kaum eine Chance auf ein bürgerliches Leben.

Im Alter von etwa 35 Jahren machte die einst reizendste, hübscheste und koketteste Frau in Frankreich die traurige Erfahrung, dass alle Schönheit vergänglich ist. Ihr ehedem blendender Teint war fahl und verblichen. Ihre früher entzückende Figur, die feine Rundung ihrer Brüste und Schultern waren verfallen und eckig geworden. Doch sie schaffte es, durch alle möglichen kosmetischen Künste noch das Beste optisch aus sich zu machen.

Im Februar 1756 erfüllte der König einen Herzenswunsch der Pompadour. Jeanne träumte seit der Aufgabe ihrer sexuellen Beziehung zu Louis XV. davon, Ehrendame der Königin Maria Leszczynska zu werden. Dies war das einzige Hofamt, das sie moralisch unanfechtbar machte. Um dies zu erreichen, hätte normalerweise erst eine der zwölf Damen der Königin ihren Dienst quittieren oder sterben müssen. Kurzerhand schuf der König die Stelle einer 13. Ehrendame. Die Königin war mit dieser Lösung einverstanden. Einerseits glaubte sie an das Ende der sexuellen Beziehung, andererseits verhinderte die Pompadour neue Aspirantinnen auf die Funktion der offiziellen Mätresse. So trat die Marquise de Pompadour am 9. Februar 1756 ihren ersten Dienst bei der Königin an. Zu ihren Pflichten gehörte es fortan, einmal in der Woche zusammen mit der Königin und den anderen zwölf Ehrendamen zu sticken und Kleider zu flicken. Dabei durften die Ehrendamen nur dann etwas sagen,

*Marquise de Pompadour (1721–1764),
lässig auf einer Chaiselonge ruhend.
Porträt des französischen Malers
François Boucher (1703–1770) von 1756*

wenn die Königin sie ansprach. Die Pompadour war die erste Mätresse des Königs, der die hohe Ehre als Ehrendame der Königin zuteil wurde. Dies löste bei Hofe einen Skandal aus.

Auf Anregung der Marquise de Pompadour wurde in Saint-Cyr eine Militärakademie für Söhne errichtet, deren Verwandte als Heeresangehörige im Krieg gefallen oder verwundet worden waren. Diese Akademie war im Juli 1756 fertig. Für die Söhne sollte Louis XV. von Frankreich die stellvertretende Vaterschaft übernehmen. Diese Akademie in Saint-Cyr, wo es vorher bereits ein Institut für junge Mädchen aus verarmten adligen Familien gab, lag der Pompadour sehr am Herzen.

1756 entstand auch das bekannteste der Porträts der Pompadour. Es wurde von ihrem Lieblingsmaler François Boucher (1703–1770) geschaffen. Dieses Gemälde zeigt sie lässig auf einer Chaiselonge ruhend.

Mehr als zwei Jahrzehnte nach ihrer Trennung machte die Pompadour 1756 ihrem geschiedenen Ehemann Charles-Guillaume Le Normant d'Étiolles das Angebot, sich mit ihr zu versöhnen. Doch dieser konnte nicht vergessen, wie schmählich er einst hintergangen worden war, und lehnte mit bitteren Worten ab. Bald darauf lernte der frühere Ehemann die Tänzerin Marie-Aimée Maltha kennen und lieben.

Ab 1757 litt Madame de Pompadour, die damals erst 36 Jahre alt war, oft unter Ohnmachtsanfällen, Schwächezuständen und starkem Herzklopfen. Am 15.

*Charles de Rohan, Prinz von Soubise (1715–1787).*
*Porträt eines unbekannten Malers*

Februar 1757 verfasste sie in Versailles ihr Testament, weil sie wusste, wie schwer krank sie war. Darin befahl sie ihre Seele Gott und flehte ihn an, Erbarmen mit ihr zu haben und ihr ihre Sünden zu verzeihen. Sie wünschte, dass ihr Körper ohne Feierlichkeit nach Paris zu den Kapuzinern an der Place Vendôme gebracht und dort in der Gruft beigesetzt werde, die ihr in deren Kapelle gewährt worden sei. Ihren Kammerfrauen, Kammerdienern, Köchen, Lakaien, Kutschern, Schweizern, Trägern, Pförtnern, Gärtnern, Garderobenfrauen und Zofen vermachte sie Renten. Den König beschwor sie, ihr Haus in Paris als Geschenk anzunehmen, das einem seiner Enkel als Palais dienen könne. Außerdem sollte der König ihre Armbänder, Ringe und Siegel in seine Sammlung bearbeiteter Edelsteine aufnehmen. Den Rest ihrer Immobilien und Güter sollte ihr Bruder Abel François Poisson, den sie zum Universalerben ernannte, erhalten.

Am Abend nach dem Verfassen des Testaments übergab die Pompadour dieses Dokument mit lächelnder Miene an Charles de Rohan, Prinz von Soubise (1715–1787), der ein Freund von ihr war und den sie zum Vollstrecker ihres letzten Willens bestimmt hatte. Dieser Freund sollte als Dank für ihren mühevollen Auftrag zwei ihrer wertvollen Diamantringe erhalten. Wenige Augenblicke vor der Übergabe ihres Testaments an den Prinzen von Soubise hatte die Pompadour noch mit dem König und einigen Höflingen an einer Abendgesellschaft teil-

*Jean-Baptiste Machault d'Arnouville (1701–1794).*
*Porträt eines unbekannten Malers*

genommen, bei der sie mit Geist, übermütiger Laune und Witz brillierte. Nach der Abfassung des Testaments führte sie noch sieben Jahre lang ein ruheloses und aufreibendes Leben.

Bange Stunden erlebte die Pompadour nach dem Attentat auf den König am 5. Januar 1757 in Versailles. Als man den heftig blutenden Louis XV. im Sterben wähnte, verweigerte man ihr den Zutritt. Denn eine Mätresse am Bett des sterbenden Königs galt als großer Skandal. Doch Ärzte stellten bald fest, dass die Stichwunde, die Louis XV. durch das Messer des Attentäters François Damiens erlitten hatte, zwar stark blutete, aber nicht lebensgefährlich tief war. Die dicke Winterbekleidung des Königs hatte das Schlimmste verhindert.

Angeblich schickte der Kronprinz den ehemaligen Minister Jean-Baptiste Machault d'Arnouville (1701–1794) zur Pompadour und ließ ihr mitteilen, der König fordere sie auf, sofort aus Versailles abzureisen. Doch die Mätresse war hin- und hergerissen zwischen der Sorge um das Leben des Herrschers und um ihre eigene Position und blieb. Ihre Ex-Schwägerin Charlotte Victoire, Gräfin von Baschi (1712–1786), riet ihr, falls eine weitere Aufforderung zur Abreise folgen würde, solle sie darauf bestehen, dass ein Verhaftungs-Befehl vorgelegt werde. Damit könne sie Zeit gewinnen und man würde es bestimmt nicht wagen, den verwundeten König erneut zu belästigen.

Naturforscher Georges-Louis Leclerc ,
Graf von Buffon (1707–1788).
Porträt des französischen Malers
François-Hubert Drouais (1727–1775)

Feinde der Pompadour redeten Louis XV. ein, er müsse seine Mätresse opfern, um die Liebe seines Volkes zu erhalten. Doch der wegen des Attentats unter Schock stehende Herrscher reagierte darauf nicht. Am 11. Januar 1757 verließ der König erstmals das Bett und empfing den Thronfolger und einige Höflinge im Schlafrock. Danach ließ er sich einen Schal bringen und ging wieder zur Pompadour. Das Attentat und die damit verbundene Ungewissheit hinterließen bei der Mätresse merkliche Spuren. Sie sah gealtert aus, war bis auf die Knochen abgemagert und ihre Haut wirkte gelblich.

Madame de Pompadour ließ während ihrer fast 20 Jahre dauernden Liaison mit dem König Staatsämter nach Möglichkeit durch ihre Angehörigen besetzen. Außerdem förderte sie Künstler wie den Dramatiker Prosper Jolyot de Crébillon der Ältere (1674–1762), Literaten wie Voltaire (1694–1778) sowie Wissenschaftler wie den Naturforscher Georges-Louis Leclerc Graf von Buffon (1707–1788) und den Mathematiker Pierre Louis Moreau Maupertius (1698–1759).

In der Bibliothek der Pompadour standen Werke über die Regierungskunst, Geschichte, Philosophie, Naturwissenschaften und das öffentliche Recht. Sie lernte das Radieren und Steinschneiden, eröffnete Gemäldeausstellungen, führte einen umfangreichen Briefwechsel und druckte eigenhändig eine Tragödie des Dramatikers Pierre Corneille (1606–1684). Unter ihrer

*Österreichische Herrscherin Maria Theresia (1717–1780).*
*Porträt des schweizerischen Malers*
*Jean-Étienne Liotard (1702–1789) von 1762*

Ägide blühte das Kunsthandwerk, wobei sie zugleich Muse und Mäzenin war und einen sicheren Geschmack besaß.

Auf die Initiative der Marquise de Pompadour gehen die Errichtung von Bauwerken durch Louis XV., die Einrichtung einer königlichen Porzellanmanufaktur in Sèvres bei Paris und die Erfindung des verführerischen Négligé zurück. Mit der Gründung der „Manufacture royale de porcelaine de Sèvres" sollte das sächsische Porzellan übertroffen werden. Die Pompadour stellte Porzellan aus Sèvres durch Ausstellungen im Versailler Schloss vor und erklärte: „Es heißt seine Bürgerpflicht verkennen, wenn man nicht dieses Porzellan kauft, solange man Geld besitzt." Ein von ihr zum Kleid entworfener passender Stoffbeutel wurde als „Pompadour" bezeichnet. Vorher hatten die in schwere Röcke eingenähten Taschen Schmuck- und Tabaksdosen, Taschentücher und Spiegel aufnehmen müssen.

Die Gespräche der Marquise de Pompadour mit der österreichischen Herrscherin Maria Theresia (1717–1780) führten 1756 zum Wechsel der Bündnisse. Frankreich, bis dahin traditionell mit Preußen verbündet, schloss sich Österreich an. Im anschließenden „Siebenjährigen Krieg" von 1756–1763 hatte die Pompadour Einfluss auf die Ernennung von französischen Heerführern. Nach der verlorenen Schlacht von Rossbach war die Pompadour gegen einen Frieden, weil dieser den Ruin ihres Werkes bedeutet hätte. Ihr

*Zarin Elisabeth von Russland (1709–1762).*
*Porträt des französischen Malers*
*Charles André van Loo (1705–1765)*

damaliger angeblicher Ausspruch „Nach uns die Sintflut" ist legendär.

Wegen ihrer Verschwendung und der ihr angelasteten Misserfolge im Siebenjährigen Krieg, der Frankreich viele Menschenleben, Unsummen und den Verlust der Weltmacht an England kostete, war die Marquise de Pompadour im Volk unbeliebt. Ihre zahlreichen Bauvorhaben und die Beschäftigung vieler Künstler sollen Frankreich insgesamt rund 36 Millionen gekostet haben.

Wegen des verlorenen Krieges hasste die Pompadour den Preußenkönig Friedrich II. den Großen (1712–1786) mit der Inbrunst einer beleidigten Frau. Maria Theresia schickte ihr ein kostbares, von Edelsteinen umrahmtes Bildnis und korrespondierte mit ihr. Friedrich II. der Große verspottete die Pompadour als „dritter Unterrock" („troisième jupon") nach Maria Theresia und Zarin Elisabeth von Russland. (1709–1762) Außerdem bezeichnete er sie sogar als „Hure", was ja nicht falsch war.

Die große, schlanke und gazellenhafte Mätresse mit dem zarten Teint und den ausdrucksvollen Augen wurde durch die unaufhörlichen Bemühungen zur Unterhaltung des Königs krankhaft mager, was den „Vielgeliebten" abstieß. Er wagte es aber aus Barmherzigkeit nicht, sie endgültig fallen zu lassen, weil er in diesem Fall ihren Selbstmord befürchtete. Stattdessen behandelte Louis XV. die Pompadour wie eine gute Freundin und ließ sie an allen Staatsgeschäften entscheidend teilnehmen.

In den letzten Jahren ihres aufopferungsvollen Lebens musste die Marquise de Pompadour ihre Funktion als offizielle Mätresse immer wieder gegen Konkurrentinnen verteidigen. Eine gefährliche Rivalin erwuchs ihr durch Anne Coupier de Romans, Baronesse de Meilly-Coulogne (1737–1808), die dem König 1761 einen Sohn namens Louis-Aimé de Bourbon geboren hatte, der von Louis XV. anerkannt wurde. Nach schlaflosen Nächten und quälenden Gedanken wurde die Pompadour von Anne Marguerite Gabrielle de Beauvau-Craon, Marschallin de Mirepoix (1707–1791), mit den Worten beruhigt, der König könne keine Frau mehr lieben als die Marquise. Daraufhin glaubte die Marquise, ihre Position sei gesichert.

Gegen Ende des Winters 1763/1764 litt Madame de Pompadour lange an einem Brustkatarrh. Deswegen zog sie in das Schloss Choisny, das im Gegensatz zum Schloss in Versailles besser beheizbar war. Während des Aufenthaltes in Choisny im März 1764 verschlechterte sich der Gesundheitszustand der Pompadour dramatisch. Ihr Husten wurde immer stärker und sie litt unter Erstickungsanfällen. Wegen des Hustens konnte sie nur von Kissen gestützt in einem Sessel sitzen. Ein Arzt stellte eine schwere Lungenentzündung fest. In dieser schwierigen Zeit besuchte Louis XV. die kranke Pompadour fast täglich oder informierte sich durch

Kuriere über ihr Befinden. Am 10. März 1764 befürchtete man bereits das Schlimmste. Doch Ende März trat plötzlich eine Besserung ein. Die Patientin konnte fünf Stunden lang ununterbrochen in ihrem Sessel schlafen und dann sogar eine ganze Nacht im Bett. Danach unternahm sie in der Märzsonne Spazierfahrten.

Am 7. April kehrte die Pompadour nach Versailles zurück. Dort wurde es noch einmal winterlich kalt und nass. In Versailles erlitt Jeanne einen schweren Rückfall. Ihre Lungenentzündung kehrte zurück und ihr gesundheitlicher Zustand verschlechterte sich von Tag zu Tag. Gemäß Etikette war im Schloss Versailles nur Mitgliedern der Königsfamilie das Sterben gestattet. Deswegen wollte sich die Pompadour in ihr nahes Stadthaus bringen lassen. Doch der König wünschte, dass sie in Versailles bleibt. Die Todkranke ließ ihr 1757 verfasstes Testament öffnen und diktierte noch einige Zusätze, durch die sie weitere ihr nahestehende Personen mit wertvollen Objekten, die meistens mit Diamanten geschmückt waren, bedachte. Außerdem statteten ihr einige Höflinge einen Besuch ab. Dann bat sie, mit ihren Damen alleine bleiben zu dürfen. Am 14. April 1764 kam noch einmal der König und sprach lange mit ihr. Dabei fragte sie ihn, ob sie einen Priester kommen lassen solle. Louis XV. nickte, küsste ihre Hand und ging.

In der Nacht vom 14. auf den 15. April 1764 nahm der Pfarrer der Madleine-Kirche von La-Ville-l'Evêque der Pompadour die Beichte ab und spendete ihr die letzte

Ölung. Mit letzter Kraft übergab sie noch den Schlüssel zu ihrem Sekretär und wählte die Kutsche aus, mit der ihr Leichnam in ihr Stadtpalais überführt werden sollte. Als ihre Kammerzofen sie umziehen wollten, lehnte sie dies dankend ab, weil sie sich hierfür bereits zu schwach fühlte und deswegen befürchtete, beim Unziehen zu leiden. Nach ihrer Auffassung lohnte sich zudem das Umziehen für die kurze Zeit, die ihr noch zum Leben übrig blieb, nicht mehr. Bevor sie am Palmsonntag, 15. April 1764, gegen 7 Uhr abends in den „Petit Appartements" des Schlosses in Versailles starb, sagte die Pompadour dem sich verabschiedenden Pfarrer, er möge noch einen Augenblick warten, sie könnten dann zusammen fortgehen. Dann legte sie noch ein wenig Rot auf, schlief ein und wachte nicht mehr auf.

Die Pompadour erlag nach etwa zweimonatiger Krankheit im Alter von nur 42 Jahren einer Bauchfellentzündung. Weil im Schloss Versailles ein Leichnam keine Stunde lang aufbewahrt werden durfte, musste die Verstorbene rasch entfernt werden. Angeblich hüllte man den Leichnam nackt und nachlässig in ein schmutziges Laken. Mönche trugen den Sarg ins Freie. Draußen regnete es in Strömen.

In der Literatur wird sehr unterschiedlich geschildert, wie sich der König beim Abtransport seiner toten Mätresse aus Versailles verhielt. Nach einer Version trat Louis XV. allein und ohne Hut auf den Balkon und sah fast gleichgültig dem Leichenzug hinterher. Eine

Autorin mutmaßte, er hätte gedacht, dies sei die einzige Ehre, die er ihr erweisen könne. Nach anderen Angaben hatte der König eine Uhr in der Hand und berechnete, wie lange die Mönche brauchen würden, bis sie am Friedhof ankamen. Legendär ist der Satz „Die Marquise hat kein gutes Wetter für ihre Reise", den der König, als er sich plötzlich umwandte, gleichmütig zu den ihm am nächsten Stehenden sagte. Dies waren die letzten und einzigen Worte des Bedauerns des Königs über den Tod einer Frau, die zwei Jahrzehnte ihres Lebens mit ihm geteilt hatte. Wenige Tage später erklärte Louis XV. offen, er habe sie nie geliebt und sie nur nicht verabschiedet, weil er gefürchtet habe, ihr damit den Todesstoß zu versetzen.

Die Marquise de Pompadour wurde in der Gruft der Kapuzinerinnen in Paris bestattet. In einem Brief an den Gerichtspräsidenten Charles-Jean François Hénault (1685–1770) beklagte die Königin Maria Leszczynska: „Im übrigen fragt man jetzt hier ebenso wenig nach ihr, die nicht mehr ist, als ob sie niemals existiert hätte. So ist die Welt; es lohnt sich wahrhaftig nicht, sie zu lieben". Angeblich soll die Königin den König verachtet haben, weil er die Frau, von der er sich 20 Jahre lang beherrschen ließ, innerhalb weniger Stunden vergessen hatte.

Voltaire schrieb nach dem Tod von Madame de Pompadour erschüttert: „Ich bin ihr Dank schuldig und beweine sie aus Dankbarkeit ... Schließlich war sie doch eine der Unseren!"

*Schriftsteller Voltaire (1694–1778),*
*eigentlich Francois Marie Arouet.*
*Porträt des französischen Malers*
*Nicolas de Largillière (1656–1746)*
*von 1718*

Nach dem Tod der Pompadour heiratete deren geschiedener Ehemann Charles-Guillaume Le Normant d'Étiolles unauffällig die erwähnte Tänzerin Marie-Aimée Maltha. Der Bräutigam war damals 47 Jahre alt, die Braut 30. Das Paar lebte glücklich und zufrieden zusammen mit seinen Kindern im „Maison de Baillon" unweit der Abtei Royaumont. Zur Zeit der Französischen Revolution (1789–1799) kam Charles-Guillaume 1794 ein Jahr lang in Haft. Er starb am 18. März 1799 im Kreise seiner Familie. Seine Ehefrau Marie-Aimée überlebte ihn neun Jahre.

Drei Jahre nach dem Tod der Pompadour heiratete deren jüngerer Bruder Abel-François Poisson de Vandières. Seine Ehefrau war Julie-Marie-Françoise Filleul (1751–1822), die uneheliche Tochter von Louis XV. und dessen Mätresse Marie Irène du Buisson de Longpré (1720–1767). Abel-François Poisson, der bereits einige Zeit unter Gicht litt, starb am 12. Mai 1781 unerwartet im Alter von etwa 56 Jahren in Paris.

Mit der Pompadour haben sich immer wieder Schriftsteller, Maler und andere Künstler befasst. Porträts von ihr schufen beispielsweise die Maler François Boucher (1703–1770), Maurice Quentin de La Tour (1704–1788) und François-Hubert Drouais (1727–1775). Der österreichische Komponist und Kapellmeister Leo Fall (1873–1925) schrieb die Operette „Madame Pompadour" (1922) in drei Akten. 1927 kam der Stummfilm „Madame Pompadour" unter der Regie

*Französischer Maler*
*François Boucher (1703–1770).*
*Porträt des schwedischen Malers*
*Gustaf Lundberg (1695–1786)*

von Herbert Wilcox (1892–1977) in die Kinos. 1931 folgte der Film „Die Marquise von Pompadour" (Regie: Willi Wolf, mit Anny Ahlers als Pompadour und Kurt Gerron als Louis XV.), 1935 „Die Pompadour" (Regie: Willy Schmidt-Gentner, Drehbuch unter anderem von Veit Harlan, mit Käte von Nagy als Pompadour) und 2006 der französische Fernsehfilm „Jeanne Poisson. Marquise de Pompadour".

*Schloss Versailles:*
*Dort erlebte Louis XV.,*
*König von Frankreich und Navarra,*
*mit seinen Mätressen*
*viele schöne Stunden.*

# Literatur

CRAVIERI, Benedetta: Königinnen und Mätressen, Mailand 2005

GONCOURT, Edmond de / GONCOURTL, Jules de: Madame Pompadour, München 2000

JUREWITZ-FREISCHMIDT, Sylvia: Galantes Versailles. Die Mätressen am Hof der Bourbonen. Gernsbach 2004

KARASEK, Horst: Die Vierteilung. Wie dem Königsmörder Damiens 1757 in Paris der Prozeß gemacht wurde, Berlin 1994

KUSTER, Thomas: Jeanne Antoinette Poisson. Marquise de Pompadour: Aus: Der Aufstieg und Fall der Mätresse im Europa des 18. Jahrhunderts. Eine Darstellung anhand ausgewählter Persönlichkeiten. Phil. Dipl., Innsbruck 2001

MATHY, Helmut: Die Halsbandaffäre. Kardinal Rohan und der Mainzer Kurfürst. Aurea Moguntia, Band 3, Mainz 1989

MITFORD, Nancy: Madame de Pompadour, München 1991

PROBST, Ernst: Superfrauen 1 – Geschichte, Mainz-Kostheim 2001

SCHULTZ, Uwe: Madame de Pompadour, München 2004

THE PEERAGE.COM A genealogical survey of the peerage of Britain as well as the royal families of Europe http://www.thepeerage.com

WIKIPEDIA (Online-Lexikon) http://wikipedia.org

WUNDERLICH, Dieter: Madame Pompadour. Eine Mätresse greift in die Politik ein. Aus: EigenSinnige Frauen. Zehn Porträts, München 2006

# Bildquellen

Klaus Benz, Fotograf, Mainz-Laubenheim: 70
Reproduktion eines Porträts des französischen Graveurs
Charles-Nicholas Cochin (1715–1790): 32
Reproduktion eines Porträts des französischen Malers
François-Hubert Drouais (1727–1775): 50
Reproduktion eines Porträts des französischen Malers
Pierre Gobert (1662–1744): 22
Reproduktion eines Porträt des französischen Malers
Nicolas de Largillière (1656–1746): 60
Reproduktion eines Porträts des französischen Malers
Maurice Quentin de La Tour (1704–1788): 1
Porträt des schweizerischen Malers Jean-Étienne Liotard
(1702–1789): 52
Reproduktion eines Porträts des französischen Malers
Charles André van Loo (1705–1765): 54
Reproduktion eines Porträts des schwedischen Malers
Gustaf Lundberg (1695–1786): 62
Reproduktion eines Porträts des französischen Malers
Jean-Baptiste Perroneau (1715–1783): 12
Reproduktion eines Porträts des schwedischen Malers
Alexander Roslin (1718–1793): 26
Reproduktion eines Porträts des niederländischen
Malers Peter Paul Rubens (1577–1640): 40
Reproduktion eines Porträts des französischen Malers
Louis-Michel Van Loo (1707–1771): 2, 16

*Autor Ernst Probst*

# Der Autor

Ernst Probst, geboren am 20. Januar 1946 in Neunburg vorm Wald im bayerischen Regierungsbezirk Oberpfalz, ist Journalist und Wissenschaftsautor. Er arbeitete von 1968 bis 1971 als Redakteur bei den „Nürnberger Nachrichten", von 1971 bis 1973 in der Zentralredaktion des „Ring Nordbayerischer Tageszeitungen" in Bayreuth und von 1973 bis 2001 bei der „Allgemeinen Zeitung", Mainz. In seiner Freizeit schrieb er Artikel für die „Frankfurter Allgemeine Zeitung", „Süddeutsche Zeitung", „Die Welt", „Frankfurter Rundschau", „Neue Zürcher Zeitung", „Tages-Anzeiger", Zürich, „Salzburger Nachrichten", „Die Zeit", „Rheinischer Merkur", „Deutsches Allgemeines Sonntagsblatt", „bild der wissenschaft", „kosmos", „Deutsche Presse-Agentur" (dpa), „Associated Press" (AP) und den „Deutschen Forschungsdienst" (df). Aus seiner Feder stammen die Bücher „Deutschland in der Urzeit" (1986), „Deutschland in der Steinzeit" (1991), „Rekorde der Urzeit" (1992), „Dinosaurier in Deutschland" (1993 zusammen mit Raymund Windolf) und „Deutschland in der Bronzezeit" (1996). Von 2001 bis 2006 betätigte sich Ernst Probst als Buchverleger sowie zeitweise als internationaler Fossilienhändler und Antiquitätenhändler. Insgesamt veröffentlichte er mehr als 300 Bücher, Taschenbücher, Broschüren und E-Books.

# Bücher von Ernst Probst

Superfrauen 1 – Geschichte
Superfrauen 2 – Religion
Superfrauen 3 – Politik
Superfrauen 4 – Wirtschaft und Verkehr
Superfrauen 5 – Wissenschaft
Superfrauen 6 – Medizin
Superfrauen 7 – Film und Theater
Superfrauen 8 – Literatur
Superfrauen 9 – Malerei und Fotografie
Superfrauen 10 – Musik und Tanz
Superfrauen 11 – Feminismus und Familie
Superfrauen 12 – Sport
Superfrauen 13 – Mode und Kosmetik
Superfrauen 14 – Medien und Astrologie

Superfrauen aus dem Wilden Westen

Königinnen der Lüfte von A bis Z
Königinnen der Lüfte in Deutschland
Königinnen der Lüfte in Frankreich
Königinnen der Lüfte in England, Australien
und Neuseeland
Königinnen der Lüfte in Europa
Königinnen der Lüfte in Amerika

Königinnen des Tanzes
Cortés und Malinche. Der spanische Eroberer
und seine indianische Geliebte
Elisabeth I. Tudor. Die jungfräuliche Königin
Maria Stuart. Schottlands tragische Königin
Zenobia von Palmyra. Eine Frau kämpft gegen
die Römer

Christl-Marie Schultes. Die erste Fliegerin in Bayern
(zusammen mit Theo Lederer)
Drei Königinnen der Lüfte in Bayern.
Thea Knorr – Christl-Marie Schultes – Lisl Schwab
(zusammen mit Josef Eimannsberger)
Liesel Bach. Deutschlands erfolgreichste Kunstfliegerin
Melli Beese. Die erste Deutsche mit Pilotenlizenz
Elly Beinhorn. Deutschlands Meisterfliegerin
Marga von Etzdorf. Die tragische deutsche Fliegerin
Thea Knorr. Eine frühe Fliegerin in München
Angelika Machinek. Eine Segelfliegerin der Weltklasse
Thea Rasche. The Flying Fräulein
Hanna Reitsch. Die Pilotin der Weltklasse
Lisl Schwab. Eine Kunstfliegerin aus den 1930-er Jahren
Sturzflüge für Deutschland. Kurzbiografie der
Testpilotin Melitta Schenk Gräfin von Stauffenberg
(zusammen mit Heiko Peter Melle)
Beate Uhse. Deutschlands erste Stuntpilotin
Tony und Bruno Werntgen. Zwei Leben
für die Luftfahrt (zusammen mit Paul Wirtz)

Rekorde der Urzeit. Landschaften, Pflanzen
und Tiere
Rekorde der Urmenschen. Erfindungen, Kunst
und Religion
Archaeopteryx. Der Urvogel aus Bayern
Deutschland im Eiszeitalter
Dinosaurier von A bis K
Dinosaurier von L bis Z
Dinosaurier in Deutschland
Dinosaurier in Baden-Württemberg
Dinosaurier in Bayern
Dinosaurier in Niedersachsen
Raub-Dinosaurier von A bis Z
Der Ur-Rhein. Rheinhessen
vor zehn Millionen Jahren
Als Mainz noch nicht am Rhein lag
Der Rhein-Elefant. Das Schreckenstier
von Eppelsheim
Eiszeitliche Raubkatzen in Deutschland
Krallentiere am Ur-Rhein
Menschenaffen am Ur-Rhein
Säbelzahntiger am Ur-Rhein
Deutschland im Eiszeitalter
Höhlenlöwen. Raubkatzen im Eiszeitalter
Der Höhlenlöwe
Eiszeitliche Raubkatzen in Deutschland
Säbelzahnkatzen. Von Machairodus bis zu Smilodon
Der Höhlenbär

Monstern auf der Spur. Wie die Sagen über Drachen,
Riesen und Einhörner entstanden
Affenmenschen. Von Bigfoot bis zum Yeti
Seeungeheuer. 100 Monster von A bis Z

Der Schwarze Peter. Ein Räuber im Hunsrück
und Odenwald
Julchen Blasius. Die Räuberbraut
des Schinderhannes
Hildegard von Bingen. Die deutsche Prophetin
Johann Jakob Kaup. Der große Naturforscher
aus Darmstadt

Der Ball ist ein Sauhund. Weisheiten und Torheiten
über Fußball (zusammen mit Doris Probst)
Worte sind wie Waffen. Weisheiten und Torheiten
über die Medien (zusammen mit Doris Probst)
Schweigen ist nicht immer Gold. Zitate von A bis Z
Weisheiten der Indianer

Bestellungen bei: www.grin.com